O COTIDIANO DA HISTÓRIA

EDIÇÃO REFORMULADA E AMPLIADA

Revolução Francesa

Carlos Guilherme Mota
*Historiador, ensaísta e professor-titular de História
Contemporânea da Universidade de São Paulo.
Professor da Universidade Presbiteriana Mackenzie e membro do
Instituto de Estudos Avançados da Universidade de São Paulo.*

Ilustrações
Jayme Leão

Apresentação

A narrativa contida neste livro aborda um dos momentos mais críticos da História da humanidade. No final do século XVIII, que ficou conhecido como século das Luzes e da Razão, as massas populares tomaram o poder na França. A dinastia absolutista dos Bourbons foi deposta, e Luís XVI, guilhotinado, enquanto nobres da Corte fugiam ou eram também guilhotinados. A Revolução Francesa, assim, pôs abaixo o poder aristocrático e liquidou definitivamente um sistema de produção baseado na servidão.

A Revolução Francesa deu início a um novo período na História do Ocidente. Redefiniu-se desde então, de maneira decisiva, sua vida social, econômica, política e cultural.

Conduzida pela burguesia e amplamente apoiada pela população, a Revolução tem seu início marcado pela derrubada, em Paris, da fortaleza-prisão da Bastilha, símbolo do Antigo Regime, no dia 14 de julho de 1789.

Acompanhe agora, nesta história, a experiência vivida por Joaquim, um estudante brasileiro de direito, que chegou a Paris justamente nos momentos iniciais da Revolução Francesa. Ali, acaba conhecendo algumas das pessoas que desempenharão importante papel na História da França, como Jean-Paul Marat, Robespierre, Danton, Graco Babeuf e convive em um ambiente no qual são discutidas novas ideias para a época, como a extinção da propriedade feudal, o fim da servidão, a distribuição da riqueza e o respeito aos direitos dos cidadãos. Os dez anos que o rapaz passará em Paris serão importantíssimos para sua formação intelectual e o ajudarão, inclusive, a refletir sobre a situação brasileira, que nesse período também passava por uma série de conflitos econômicos, sociais e políticos.

Sumário

Revolução Francesa

- **4** — Naquele difícil ano de 1789...
- **5** — Tempo de mudança
- **10** — A queda da Bastilha
- **14** — Na Paris revolucionária
- **18** — Os amigos da Revolução
- **22** — Os inimigos da Revolução
- **26** — O fim da Revolução

Uma visão da História

- **29** — Introdução
- **30** — Uma transformação radical
- **35** — As fases da Revolução
- **38** — Uma revolução burguesa
- **40** — Cronologia

1
Naquele difícil ano de 1789...

Após várias semanas de travessia do Atlântico, o navio inglês Aragon entrava finalmente no rio Tejo, alcançando o belo porto de Lisboa. Era abril, mês em que a primavera dava um colorido especial às casas e aos armazéns lisboetas, destacando a praça do Comércio construída pelo marquês de Pombal, o reformador português.

"Finalmente vou pisar em terras europeias", pensou o jovem estudante paulista Joaquim dos Santos Novais, que se dirigia a Coimbra, onde completaria seus estudos.

A capital do império colonial português era faustosa, muito diferente da cidade natal de Joaquim.

"Nem posso comparar isto aqui com minha rústica São Paulo. Não há negros nem índios nas ruas, e nem gente descalça..."

Mas mesmo um recém-chegado como ele era capaz de perceber que havia algo inquietante no ar. O todo-poderoso marquês de Pombal – ministro ilustrado do rei José I, que morrera anos antes – fora sucedido por Dona Maria I, a Louca. O destino do imenso império português era uma incógnita. As notícias de perseguição política preocupavam a todos, lembrando o clima tenso que Joaquim deixara no Brasil, logo após a inconfidência de Minas Gerais. Por toda parte temia-se pelos destinos dos reformistas e revolucionários, em virtude da virada conservadora que colocava em perigo muitos amigos portugueses de Joaquim. Seus planos para a temporada de estudos em Coimbra tinham de ser revistos imediatamente.

– Ficar aqui não é seguro... Siga viagem para Paris, onde nós temos amigos, Joaquim – disse-lhe o professor Vítor de Magalhães, um dos mestres que iriam orientar o jovem brasileiro. – Depois que foi descoberto o plano da revolução separatista em Vila Rica, os brasileiros que vêm a Lisboa são vistos como suspeitos e seguidos pela polícia da Louca. Em Paris temos amigos que o receberão muito bem... Tome, leve esta carta de apresentação... É para Jean-Paul Marat, um jornalista muito popular, inimigo declarado de Luís XVI. Vá logo, apresse-se. Pegue suas malas na pensão e embarque enquanto é tempo: há um navio francês que vai para o porto de Nantes de manhãzinha. Dali a Paris é um pulo! Boa sorte, meu rapaz!

Joaquim, que deixara a casa do pai, administrador de um decadente engenho de açúcar, para estudar Direito na metrópole, mais uma vez procurava reunir ânimo e algum dinheiro para mudar de vida. Sua situação financeira não era boa e as disputadas passagens para os portos franceses estavam caras. Sem alternativas, suspeito de ser um foragido político, embarcou na apertada fragata Liberté.

A bordo, outro choque, o assunto não variava: todos falavam da sucessiva troca de ministros das finanças de Luís XVI, da carestia e das más colheitas. Joaquim, que aprendera francês com seu avô, leitor entusiasta do irônico Voltaire e do radical Rousseau, acompanhava as discussões que envolviam todos os passageiros: cidadãos comuns, artistas de uma companhia de teatro, garçons, a tripulação e o próprio comandante. Sentia-se maravilhado com a liberdade de tais discussões e com a clareza de argumentos, por vezes conflitantes e exaltados.

"No Brasil todo pensamento novo é abafado – refletia Joaquim. Lá até para se dizer 'gato' evita-se a palavra direta, preferindo dizer: felino com pelos sedosos."

Dias depois, em Nantes, porto agitado onde todos falavam dos tumultos de rua ocorridos em janeiro, Joaquim tomou uma caleça de aluguel, partindo para Paris. Depois de dois dias de viagem por estradas esburacadas, e com o ar frio entrando constantemente pelas janelas, a carruagem chegou à aldeia de Le Mans. Ali, um outro passageiro veio se juntar ao grupo: um jovem senhor de cabelos precocemente grisalhos e olheiras profundas. Joaquim, surpreso, não se conteve:

— Dumas! É você, Dumas!

O rapaz precisou respirar fundo para recuperar-se da surpresa. Ele acabara de reconhecer Antoine Dumas, um francês amigo de sua família, que há muito passara por São Paulo em busca de novos negócios.

— Que feliz coincidência, Joaquim! — disse-lhe, depois dos cumprimentos, o novo passageiro da carruagem. — Eu trabalhava num escritório em Saint-Malo, na Bretanha, o velho centro de pirataria especializado no comércio com as colônias, inclusive com o Brasil. Mas a coisa piorou muito. Os ânimos estão exaltados contra Paris. Sobretudo no Haiti, onde se prepara uma revolução, sabia?

— Não. Conte-me!

— O líder é um tal de Toussaint-Loverture. Imagine você, Joaquim: um general negro comandando ex-escravos! É inacreditável!

A viagem prosseguia. A cada parada de descanso Joaquim confirmava o que já vinha percebendo: o mal-estar geral. Todos reclamavam da situação, os funcionários do governo já não tinham mais argumentos para defender o rei, a rainha e a dispendiosa corte. A burocracia era demasiada em toda parte: na cobrança dos impostos, no controle dos passaportes, afetando em especial os servos e as pessoas simples.

— É a canalha! Esse povinho sujo e arrogante é quem estraga o reino! — rosnava um nobre todo emperucado, sentado ao lado de Joaquim. Suas roupas brilhantes e seu perfume acentuavam a arrogância com que tratava os outros, sobretudo os estrangeiros. O sonho do brasileiro com a terra das Luzes, dos deliciosos vinhos e patês estava já muito abalado.

Encolhido junto à janela fria, Joaquim ponderava:

"O tempo é de revolta: não são apenas os mineiros no Brasil, ou os ex-colonos na América do Norte, mas também nas Antilhas... e aqui, na França. Aquele padre francês que passou por São Paulo há anos tinha razão ao dizer que tudo está mudando e deve mudar ainda mais... Fora o que ele dissera naquele dia no fim da missa, na igreja do Carmo. E ainda me lembro quando comentou, na taberna da rua Tabatinguera onde fomos cear, a respeito da situação revolucionária do Peru, onde um tal de Tupac Amaru levantava os povos..."

Absorto nesses pensamentos e procurando ligar os fatos, Joaquim meditava. Quando passaram por Chartres, Joaquim estava acordado, e maravilhou-se com a rápida visão da famosa catedral medieval, que lhe encheu os olhos.

Aproximavam-se já de Versalhes, nas proximidades de Paris, onde Luís XVI instalara a corte francesa. A carruagem percorreu a cidade, passando pelo imponente palácio local com suas grades douradas. Depois parou num pequeno restaurante na estrada, onde os passageiros foram atendidos por servos silenciosos, nitidamente apavorados.

— Está havendo algo de muito estranho por aqui — observou Joaquim.

— É a revolução... — respondeu Antoine com um leve sorriso.

2

Tempo de mudança

O brasileiro estava espantado. O contraste entre as discussões livres no navio francês que o trouxe de Portugal e o silêncio temeroso do restaurante o fez pensar em outro contraste: a opulência do palácio de Versalhes e de alguns castelos ao longo do caminho chocava-se com a miséria dos camponeses que pediam esmolas e comida nas estradas.

Após algumas horas de viagem, finalmente chegaram a Paris. Percorrendo ruas bem calçadas, com edificações antigas e cuidadas, a todo momento Joaquim deslumbrava-se.

— Cá estou, num dos maiores centros culturais do mundo! — exclamou, descendo da carruagem e abotoando sua modesta e empoeirada casaca.

— E políticos, também! — completou com ironia Antoine, tirando suas coisas do bagageiro. — Reservei quarto num pequeno hotel, o Racine, que certamente acolherá você também. O dono é meu amigo, um inglês meio subversivo que já andou pelo Brasil, em Vila Rica. Vamos lá.

No balcão do hotel foram recebidos por Ken Forbes, o amigo de Antoine. O inglês, antes mesmo de mostrar-lhes os quartos, foi dizendo:

— Antoine, vejo que você sempre aparece nos melhores lugares nas piores ocasiões! Paris está em polvorosa. O Estado está falido. Os deputados se reuniram na Assembleia dos Estados Gerais com suas vestes solenes: a nobreza de togas negras com bordados de ouro; o clero com seus paramentos e chapéus emplumados. Aqueles bonecos enfeitados!

— O povo, como sempre, de fora — arrematou Antoine. — O povo nunca tem vez! Os salários caem, as manifestações são reprimidas. Daí os levantes! Em abril último, Joaquim, houve até pilhagens e a guarda atirou contra a multidão. Trezentos mortos e mil pessoas feridas. Esse foi o resultado...

À noite, durante o jantar com Antoine e Ken num pequeno restaurante próximo ao hotel, o Polidor, Joaquim teve a certeza de estar vivendo um momento histórico importantíssimo. Tremia.

Mal os amigos acabaram de brindar o reencontro com o primeiro gole de vinho

rouge, quando entrou esbaforida no restaurante uma jovem. Subindo numa cadeira, ela gritou aos presentes:

– Cidadãos! Os Estados Gerais, que haviam se transformado em Assembleia Nacional, acabam de se autoproclamar Assembleia Constituinte!

– Viva a Constituinte! – responderam aos brados os presentes, erguendo seus copos.

Naquela noite de 9 de julho de 1789, o tradicional bairro boêmio fervilhava. Nas mesas compridas do Polidor reuniam-se pessoas de todos os grupos políticos, unidos por um único objetivo: reformar urgentemente o país.

Mas como a situação havia chegado a esse ponto?

Segundo Antoine contara, o rei abrira mão do controle dos impostos que garantiam o luxo da corte, cedendo à pressão dos Estados Gerais,

a assembleia que reunia os três Estados (nobreza, clero e povo). Em seguida, vira-se obrigado a admitir a liberdade individual e a liberdade de imprensa. Em junho de 1789, Luís XVI chegara até mesmo a admitir, taticamente, a abolição total da servidão. Com medo da força da união dos Estados Gerais, lamentara-se:

– Se vocês me abandonam nesta bela iniciativa, farei sozinho a felicidade de meus povos...

Logo após essa declaração, ele tentou uma nova estratégia para dividir e dissipar o poder dos três Estados; ordenou que se separassem e votassem tudo separadamente.

A intenção era que o resultado permanecesse sempre dois a um: nobreza e clero de um lado e povo de outro. Mas a posição dos três grupos era outra. Muitos nobres mais esclarecidos, preocupados com a bancarrota da França, aliavam-se a alguns padres simpatizantes da causa popular.

– A nação reunida não recebe ordens – havia respondido ao rei um representante do Terceiro Estado, o povo. Outro representante do povo acrescentou, advertindo:

– Só deixaremos esta Assembleia pela força das baionetas!

A resposta de Luís XVI foi frouxa:

– Pois que se danem, então! Fiquem, se quiserem!

A partir desse momento a Assembleia se consolidou, proclamando a inviolabilidade de seus membros e a decisão de decretar a interrupção do pagamento dos impostos, caso ela fosse dissolvida pelo rei.

Naquele dia o rei Luís XVI perdeu o controle. As insurreições continuaram se espalhando. As notícias que chegavam do interior assustavam os cortesãos. Setores militares já não obedeciam ordens dos partidários da realeza: jogavam fora suas armas e juntavam-se ao povo. Luís XVI prendeu alguns desertores, mas as prisões foram assaltadas pela multidão. Quando tentou reunir mais de 30 000 soldados para manter a ordem em Versalhes, a Assembleia tomou a decisão de pedir ao rei o afastamento das tropas da região parisiense.

Naquela noite de 9 de julho, no restaurante, Joaquim entendia a gravidade do momento. Aquela moça informava que a recém-formada Assembleia Nacional Constituinte iria limitar os poderes do rei e fazer uma Constituição para a França.

– E tem mais – falou a moça, pedindo a atenção de todos –, amanhã vamos todos ao palácio real apoiar nossos representantes contra o rei! Dizem que Luís XVI, pressionado por sua mulher, Maria Antonieta, e pelos cortesãos, procura ganhar tempo para dar um golpe!

Ao sair, a moça dirigiu um olhar curioso ao trio franco-anglo-brasileiro. Joaquim perguntou, encantado com a força daquela moça:

– Quem é ela? Você a conhece, Antoine?

– Ora, ela é a famosa Helena, uma estudante revolucionária que trabalha no jornal de Jean-Paul Marat, *O Amigo do Povo*. É uma ardorosa defensora dos direitos do povo e dos cidadãos – respondeu Ken.

– Ela não tem ares de nobreza nem parece pertencer à alta burguesia – comentou Joaquim.

– Claro, ela é uma *sans-culotte*, artesã, filha de um ótimo encadernador de livros da rua Nossa Senhora dos Campos. Eu sempre o visito quando venho à cidade – disse Antoine, acrescentando: – Helena é muito inteligente e charmosa. Gostou, hein, Joaquim?

– Pois sim... quero dizer, me interessa conhecer também o jornalista Jean-Paul. Tenho uma carta para ele, do amigo português Vítor de Magalhães.

– Então amanhã iremos ao jornal *O Amigo do Povo*. Tenho amigos por lá. E assim conhecerá Helena. Agora, antes de dormir, vamos dar uma passadinha diante da catedral de Notre--Dame. E no caminho você vai ver a famosa Universidade da Sorbonne – disse Antoine.

Na saída do restaurante esbarraram em Camilo, advogado e jornalista, que, sério, procurava por Danton:

– Há informações de que os ministros das Finanças e da Guerra foram demitidos pelo rei, que recorreu ao exército para resolver a situação. É preciso denunciar essa jogada... – co-

mentou Camilo, despedindo-se com pressa dos três: – Boa noite.

No dia seguinte o rei deu a conhecer que as tropas eram só para "proteger a Assembleia". As notícias faziam pensar que o rei procurava enganar aqueles que o pressionavam pedindo as reformas.

Antoine levou Joaquim ao jornal de Marat, mas a informação era que o jornalista passaria o dia e a noite em reuniões, preparando panfletos, sempre ajudado pela agitada Helena.

A crise geral se aprofundava. Naquela noite Joaquim encontra-se no Polidor com outros estudantes brasileiros, numa mesa reservada por Ken. Ali estavam Ventura, Silvino e o velho padre Câmara. O inglês saboreava a situação, pois fazia as vezes de anfitrião de um grupo de brasileiros ilustrados que mal se conheciam.

Ventura, um elegante mineiro que estudava medicina em Montpellier, estava em Paris para um encontro com o embaixador dos Estados Unidos na França, Jefferson, a quem pediria auxílio para a revolução de Minas Gerais (muitos anos depois saberia que Jefferson o denunciara às autoridades portuguesas...). Silvino, que estudava economia e técnicas industriais na Inglaterra, visitava Ken em Paris para recordar os tempos que passaram juntos em Vila Rica:

– As últimas notícias de Minas são péssimas. Os inconfidentes foram presos, e corre o boato de que o doutor Cláudio Manuel da Costa não se suicidou na prisão, mas foi assassinado – comentou Silvino enquanto mastigava um pãozinho com manteiga, algo caríssimo naqueles dias.

Ken ficou mudo. Ao seu lado, o padre Câmara, o mais velho do grupo, pernambucano e estudioso de medicina, esperou alguns segundos e disse, arqueando as sobrancelhas:

– Pois é, a situação no Brasil se agrava a cada dia. Está na hora de voltar para o meu Pernambuco. Há muito a se fazer por lá, e nosso problema é mais complicado, pois além da miséria temos o regime escravista, defendido por muitos, como alguns comerciantes ingleses e franceses que operam na costa da América do Sul. Aqui eles acompanham o progresso e as novidades, mas lá... – E quase não falou mais durante o resto do tempo, perdido em pensamentos sobre sua terra natal.

Após uma noite animada pelas conversas acerca da política, os novos amigos despediram-se. Ken e Joaquim passaram para outra mesa, indo tomar café com alguns haitianos, também hospedados no hotel Racine. Um pessoal alegre, que falava um francês diferente e gostoso, e só baixavam o tom de voz quando se referiam ao rei ou a Maria Antonieta.

Lá fora o silêncio da noite era quebrado de vez em quando pelos gritos de grupos que passavam. De manhãzinha, ao acordar, Joaquim leu no jornal: "O ministro Necker, das Finanças, fugiu para a Suíça". Mais adiante:

"O preço do pão sobe ainda mais. Uma família gasta dois terços de seu salário apenas com o pão".

3
A queda da Bastilha

Três dias se passaram sem que Joaquim conseguisse avistar-se com o revolucionário Marat. No dia 13, pela manhã, foi informado que o encontro seria naquela noite, na sede do jornal. Enquanto esperava, o rapaz procurava saber das novidades com Antoine e Ken. A turbulência e o medo já tomavam conta da cidade. Camilo destacava-se como líder popular, propondo a derrubada do governo de Luís XVI pelas armas. As ruas e o jardim do palácio das Tulherias eram, ao mesmo tempo, palco de manifestações de burgueses estabelecidos e de populares famintos. A cavalaria havia sido jogada contra a multidão. À medida que tropas francesas passavam a apoiar as massas, o governo convocava tropas monarquistas estrangeiras.

Joaquim passou o dia ansioso, pois soube que de madrugada várias barreiras da alfândega ao redor da cidade haviam sido incendiadas. O convento de São Lázaro, onde se estocava trigo, fora pilhado. Os eleitores dos deputados dos Estados Gerais se reuniram na prefeitura. Criou-se uma milícia burguesa de 48 000 homens que ostentava as cores de Paris: vermelho e azul. À tarde, o governador recusou-se a fornecer armas a essa milícia.

À noitinha, ao entrar na sede do jornal, Joaquim pensava:

"Não é a melhor hora para incomodar Jean-Paul, mas não posso perder a oportunidade de..." Foi interrompido por Helena, que surgiu na portaria dizendo:

– Vamos, vamos! Jean-Paul está esperando por você. Temos que sair logo para a reunião dos jacobinos...

Na sala desarrumada e esfumaçada Joaquim viu um homem debruçado numa mesa de canto, escrevendo um panfleto. Outros, no centro da sala, discutiam a crise. Entre eles, uma surpresa: seu amigo Antoine.

– Pronto! – levantou-se dizendo o revolucionário Jean-Paul Marat, após reler o panfleto. – Mandem imprimir. É uma convocação geral. Chegou a hora!

Aquele homem baixo, de rosto duro e cabelos encaracolados, dirigiu-se a Joaquim com ar interrogativo, como se perguntasse o que ele estava fazendo ali:

– Eu sou brasileiro... – balbuciou Joaquim, tímido.

– Ah, já sei. Passe-me a carta de Vítor, e vamos. Antoine, Jacques, Saint-Just, vamos para a reunião. Helena já foi para lá – disse secamente o jornalista. – É agora que essa burocracia vai se arrebentar. Venha conosco, Joaquim, para ver como é uma revolução!

No caminho, Jean-Paul passou os olhos na carta do amigo português:

– É, as coisas em Portugal não andam muito bem. Mas os patriotas reagirão. Sei que em sua terra a revolução foi abortada. Mas há muitos dos nossos que estão por lá, e dizem que os escravos estão inquietos. Aquela situação não vai durar muito tempo; ganharemos aqui e ainda vamos chegar ao Brasil.

– Se Deus quiser – disse nervoso padre Jacques, que acompanhava os passos apressados do grupo.

– Se Deus quiser e se existir... o que não vamos discutir agora... – retrucou Marat com ar de deboche.

No clube dos jacobinos uma multidão encontrava-se em assembleia. Nas discussões destacavam-se, além de Helena, Danton, um gordo e simpático orador, com o rosto marcado pela varíola, Maximiliano Robespierre, um sisudo advogado de roupas austeras e, ainda, Graco, um funcionário de pequena estatura. Sentadas e acompanhando atentamente os debates estavam algumas pessoas conhecidas dos parisienses, como o físico Lavoisier e o pintor David. Também lá se encontrava Emílio, professor progressista da conservadora Sorbonne, sempre convocado nessas oportunidades para acompanhar as discussões.

A chegada de Marat e seu grupo provocou um burburinho. Sua popularidade era imensa. Danton, veemente, inflamava o público:

– A monarquia absolutista está no fim. Já não basta reformar o Estado!

Todos aplaudiram. Robespierre rebateu:

– Concordo. Mas é necessário criar novas e duras leis para regular os direitos e os deveres dos cidadãos. Até mesmo os dos mais humildes. Leis duras!

Novamente todos aplaudiram. Graco interveio:

– Ninguém se engane. Há uma guerra declarada entre ricos e pobres. Não percebem que o problema não está só no rei e na corte? A propriedade feudal deve ser extinta, os servos libertados e a riqueza distribuída!

Os aplausos continuavam. Àquela altura, o professor Emílio, após pigarrear e arrumar a aba de sua elegante capa, pediu a palavra:

– Concidadãos: cada um com suas armas! A nossa é esta: esclarecer o pensamento e colocar em ordem as ideias.

A presença de um professor da tradicional e reacionária Sorbonne naquele lugar indica a gravidade da situação. Emílio, dirigindo-se à multidão, mas apontando para Marat e seus acompanhantes, disse:

– Vivemos aqui o fim de uma época. O mal-estar difundiu-se pela França, o despotismo imperial ficou insuportável. Como diz minha amiga Helena, a reforma foi lenta demais. Agora, a revolução atropela a reforma. O povo simples não aguenta mais. O preço do pão nunca esteve tão alto como hoje, e nem os salários tão baixos. As colônias se rebelam. O Terceiro Estado somos todos nós! Mas que a força da razão prevaleça sobre a razão da força!

Os aplausos foram entusiásticos. Ele acrescentou:

– Se for possível...

No entanto, àquela altura, ninguém mais ouvia. Marat, convocado a falar, declarou:

– Não é de hoje que eu os alerto em meu jornal: o regime ruiu. O ministro fugiu. O rei está nu...

– E os pobres também – bradou do fundo da sala o americano Cardiff Ricardone, que chegava de um jantar com o embaixador Jefferson. Todos riram.

– O rei está nu – prosseguiu Marat – e os *sans-culottes* e os camponeses têm fome. Hoje estamos unidos, mas depois ninguém sabe. Há presos e feridos. É preciso tomar medidas concretas e urgentes. Vejam o que se passou no Brasil, com a repressão brutal. Vejam o que se passa na rica Inglaterra, com sua indústria e seus campos produtivos. Precisamos de medidas para o avanço deste país, mas com a limitação das grandes riquezas. Que os opulentos não ganhem além de um máximo definido; que os trabalhadores, os *sans-culottes*, não ganhem menos que um mínimo determinado...

– Mas como definir um *sans-culotte*? – perguntou alguém com ironia. – Não é um burguês, não é um...

– É alguém que anda a pé, não usa roupas da nobreza, e mora pobremente com sua mulher e filhos num quarto ou quinto andar. Se quiserem conhecer essas pessoas, vão aos bairros de trabalhadores! Eles pagam os tributos que sustentam a realeza e toda a praga que a acompanha... – respondeu Florian, um traba-

lhador de grossas sobrancelhas, fortemente aplaudido.

Já ia alta a madrugada do dia 14 de julho. Joaquim acompanhava com o olhar brilhante a discussão, sabendo que dificilmente ela poderia acontecer no Brasil de Maria, a Louca. Foi então que Marat concluiu:

– As tropas se recusam a atirar contra o povo. Também temos armas, mas faltam-nos pólvora e balas. No castelo da Bastilha há um arsenal. Hoje vamos exigir que nos entreguem a munição. Às duas da tarde, todos lá! Saúde e fraternidade! – encerrou ele.

Ninguém dormiu naquela noite. O grupo retornou ao jornal, onde aguardou a hora marcada, e então se dirigiu à praça da Bastilha. Assustados, os soldados resistiram atirando na multidão. Antoine segurou o braço de Joaquim:

– Estão loucos... Deite-se no chão e proteja-se, já!

A agitação continuava. À tarde, um destacamento de milicianos, comandados por um velho sargento das tropas realistas que aderira aos revoltosos, irrompeu com cinco canhões roubados. Ouviram-se várias descargas contra as portas e a ponte levadiça da Bastilha.

Às cinco horas a fortaleza caiu. O povo invadiu o edifício, símbolo do Antigo Regime, libertando os sete prisioneiros que lá havia, e ainda apoderando-se da pólvora, que foi levada para a prefeitura. No meio do caminho o comandante da fortaleza foi massacrado e decapitado. Muitos dos defensores da Bastilha, incluindo alguns inválidos, foram mortos. Entre os revoltosos morreram mais de cem pessoas.

Em Versalhes, assim que a notícia chegou, Luís XVI ordenou que as tropas saíssem de Paris. Na manhã seguinte, à hora do café, o rei perguntava ao seu mordomo:

– Meu duque, está ocorrendo um levante?

– Não, meu senhor. Trata-se de uma revolução – respondeu-lhe o nobre mordomo.

No mesmo instante, num pequeno bar ao lado da Sorbonne, o grupo se reencontrava. Helena estava com um braço machucado e Antoine com os óculos quebrados. Ken sorria:

– Como disse o professor Lavoisier: nada se perde, tudo se transforma...

– Os últimos acontecimentos determinaram o fim de uma época. Agora começa uma outra – completou Antoine.

Nas semanas seguintes, Joaquim e Helena se encontraram várias vezes. Um amor sincero começava a nascer entre os dois. Marat, em atendimento ao pedido de Vítor de Magalhães, providenciara um lugar em seu jornal para o jovem brasileiro.

– Não temos como lhe pagar agora, mas podemos ajudar em muitas coisas – explicou ele.

– Não importa. Tenho dinheiro por um tempo e posso ajudar Ken a tomar conta do hotel, limpando e atendendo na portaria – respondeu Joaquim.

No restaurante Polidor, no hotel Racine, na Sorbonne ou no jornal, Joaquim continuava sua vida, sempre recebendo notícias do Brasil e de Portugal. Nos últimos dias passara pelo hotel um jovem senhor de Santos. Chamava-se Bonifácio, e fora estudar mineralogia na Europa. Entre uma piada e outra, falara da necessidade de reformas no Brasil. Mas a Joaquim ele parecera um pouco pretensioso:

– Esses brasileiros no exterior são mesmo uns chatos... – pensou.

4

Na Paris revolucionária

O sentimento entre Joaquim e Helena se aprofundava. Às vezes ele ia buscá-la no jornal, às vezes em casa, onde ela ajudava o pai na encadernação de livros. Ela também o ajudava no Racine, atendendo na portaria. Riam muito, sobretudo Helena, do francês abrasileirado de Joaquim.

Tinham pouco tempo de sobra para passeios, mas sempre que possível gostavam de andar às margens do rio Sena...

– O povo continua inquieto – observou Helena durante a caminhada. – Notícias do interior indicam que a Revolução não parou. O general La Fayette, que também lutou na revolução americana com Washington, dissolveu o exército e criou a milícia-cidadã.

– Fiquei sabendo que os camponeses rebeldes estão criando comunas – completou Joaquim. – Pelo hotel têm passado vários aristocratas vindos do interior, rumo à Inglaterra e à Espanha. Estão apavorados com a Revolução.

– É o Terror – disse Helena com ironia. – O mesmo terror que impuseram durante séculos aos artesãos e aos camponeses agora se volta contra eles...

No dia seguinte, 4 de agosto de 1789, o casal assistiu à Assembleia instalada em Versalhes, que estava sendo pressionada por populares. Em meio a muita agitação, acompanharam a votação que suprimia privilégios fiscais da nobreza. E com entusiasmo presenciaram a suspensão dos direitos senhoriais sobre as pessoas.

– Isto é uma revolução, Joaquim! – comentou Helena exultante. – É o fim do feudalismo. Viva a recupcração da propriedade da terra!

Aqueles dias foram inesquecíveis para Joaquim. Seu namoro estava firme. Não perdia nenhum dos lances relativos à Revolução, sempre com Helena a seu lado. Na noite de 26 de agosto foram comemorar no pequeno Polidor a votação pela Assembleia Revolucionária da Declaração dos Direitos do Homem, inspirada na Constituição norte-americana.

– A propriedade agora torna-se inviolável... – comentou Joaquim.

– Mais importante é o direito de resistência à opressão, o direito à segurança e a igualdade de todos – acrescentou Helena.

– Claro, finalmente a liberdade pessoal é legalizada. Vamos então brindar à nossa – sorriu Joaquim, erguendo o copo.

– Só falta agora firmar os direitos da mulher – ironizou Helena.

– Chegaremos lá – suspirou Joaquim, enquanto lembrava de suas três irmãs, servidas por escravos e proibidas de aparecerem diante das visitas que iam à casa.

O tempo passava depressa. Os meses seguintes foram de agitação febril. Em outubro, mulheres do povo marcharam, com um tambor à frente, até o palácio de Versalhes, e obrigaram o rei Luís XVI a assinar os decretos revolucionários já aprovados em agosto. Sob pressão popular, o rei, a corte e a Assembleia mudaram-se para Paris.

Para combater a crise econômica, a Assembleia revolucionária nacionalizou os bens da Igreja, da Coroa e dos nobres foragidos. Um novo papel-moeda entrou em circulação, aumentando a inflação e fazendo surgir uma nova classe de burgueses proprietários. Joaquim temia que os aristocratas e os monarquistas pudessem bloquear a Revolução. Os defensores da Assembleia eram conservadores, e sua atuação não convencia Joaquim, ainda que o general La Fayette estivesse entre eles. Sua atenção voltou-se para a esquerda, onde o historiador e advogado Barnave já começara a falar da "Revolução Francesa".

Joaquim admirava os democratas mais radicais, como Robespierre, conhecido como "o incorruptível". Este, em especial, fascinava o brasileiro por ser um grande orador e um homem muito combativo. Joaquim o ouvira várias vezes no antigo convento dos franciscanos, também conhecido como convento dos jacobinos, tomado pelos revolucionários. Vira-o discutir ali com Danton, com Camilo, com Marat e com outros membros da Sociedade dos Amigos dos Direitos Humanos.

Os revolucionários impuseram uma lei que fazia com que os padres passassem a ser funcionários do Estado, que suprimia os conventos e as ordens religiosas, e ainda obrigava o clero a prestar fidelidade à Constituição.

A família real, apavorada, tentara fugir, mas foi reconhecida e obrigada a voltar a Paris. Em 17 de julho de 1791 o povo pediu a abdicação de Luís XVI.

Em setembro, finalmente, é divulgada a nova Constituição.

– Não é muito revolucionária – Helena parecia um tanto decepcionada –, afinal, só conseguimos uma monarquia parlamentar, apesar de a Assembleia eleita ser indissolúvel pelo rei. É certo que se aboliu a tortura, mas isso de dividir os cidadãos em proprietários e não proprietários é um escândalo! Eu sou contra! E também sou contra a proibição de greves e de organizações de trabalhadores!

Na Assembleia, à direita, cerca de trezentos deputados, os girondinos, representavam a grande burguesia comercial e colonialista; muitos deles eram da região da Gironda. No centro, sem posição definida, estavam cerca de 350 deputados. À esquerda, os 140 deputados republicanos jacobinos, entre os quais muitos advogados e jornalistas, defendiam as massas populares, sobretudo a pequena burguesia. Sentavam-se na parte esquerda da Assembleia, onde os bancos eram mais altos, daí o apelido de "montanheses". Entre esses deputados havia alguns mais radicais, defensores das camadas mais pobres. O médico Marat pertencia a esse grupo; seu jornal era muito popular. No entanto, a Assembleia era controlada pelos defensores dos grandes proprietários.

Em abril de 1792, os aristocratas foragidos juntaram-se a nações conservadoras, como a Áustria e a Prússia – temendo a revolução da França, elas preparavam exércitos para combatê-la. Os jacobinos eram contra a guerra, defendida pelos girondinos da grande burguesia e pela corte.

Em agosto, o povo tomou o palácio das Tulherias, formando uma comuna popular em Paris. A guarda real foi dissolvida, e a guarda nacional colocada a serviço da Assembleia.

– A Assembleia é a Revolução! – bradava o inglês Ken na portaria do hotel Racine, reunindo Joaquim e outros companheiros.

– A Assembleia transformou-se na Convenção Nacional, eleita pelo voto universal – informou o esbaforido padre Jacques, completando: – Foram presos alguns padres reacionários. Os nobres estão fugindo do país. Alguns aristocratas foram executados!

Joaquim, que tinha vindo do jornal de Marat, deu mais informações:

– O rei foi derrubado pela Convenção! A monarquia foi abolida e a república foi proclamada! Agora querem julgar o rei!

Nas semanas seguintes, ao final de cada dia Joaquim e Helena traziam notícias frescas para seus amigos do hotel:

– Os jacobinos ganham força. Nosso amigo Marat, mais Robespierre e Danton são os líderes e têm o apoio dos *sans-culottes*, além da Comuna, é claro. Mas nós somos hostilizados pelos comerciantes girondinos, porque defendemos a propriedade comum para todos. E também a democracia autêntica, mais empregos e centralização administrativa...

– Os girondinos são mais espertos, e vivem bem – disse Ken apenas para provocar a moça.

– Eles querem a liberdade, mas apenas para seu próprio comércio – rebateu Helena. – Não se preocupam com o desemprego, e ainda por cima demitiram Danton.

– Cuidado com o que diz – alertou o frio Saint-Just. – Não se esqueça de que a grande maioria dos deputados é conservadora. E querem nossas cabeças.

Joaquim, preocupado, pensava em seus amigos inconfidentes. Chegara ao hotel Racine a notícia de que no Brasil o julgamento havia chegado ao fim, e um dos líderes, de apelido Tiradentes, havia sido executado na forca e esquartejado. Muitos participantes haviam sido mandados para o degredo na África ou na Índia, até mesmo Tomás Antônio Gonzaga, seu poeta predileto, além da morte suspeita do doutor Cláudio Manuel da Costa.

– Helena, preciso voltar para o Brasil e fazer alguma coisa. Estou muito apreensivo – comentou Joaquim com a namorada.

– Calma, agora será difícil pegar um navio. Os portos estão muito vigiados.

Chegava ao fim o ano de 1792. A convenção decretou que todo cidadão que propusesse o restabelecimento da realeza na França seria punido com a morte. Até os ingleses tentaram interceder por Luís XVI, acusado de várias tentativas de restauração. Em janeiro, um

embaixador da revolução foi morto em Roma por nobres exilados. Joaquim e seus amigos, em meio a tanta agitação, compareceram à Convenção para acompanhar o processo contra Luís XVI.

– A Convenção declara Luís Capeto culpado de conspiração contra a liberdade pública – proclamou o presidente.

– Culpado – sussurrou Ken. – Vamos ver qual a pena que lhe será imposta.

Depois de dois dias de muitas discussões, o rei foi sentenciado à morte.

Nos últimos dias Joaquim estivera observando com mais atenção aquele jovem de menos de trinta anos, pálido e de traços finos.

– Nosso amigo Saint-Just é apelidado de "Arcanjo da Morte" – disse-lhe Helena. – Trabalha com o advogado Robespierre e frequenta o Clube dos Jacobinos.

Os jornais populares mostravam sempre a posição do "Arcanjo":

"Para mim não há meio-termo: Luís deve reinar ou morrer"; "Punição sem julgamento!"; "Se o rei não for culpado, então os que o depuseram são!".

Esse jovem frio e direto assustava Joaquim. Luís XVI, interrogado, permanecera impassível. Somente protestou ao ouvir que por sua culpa "o sangue dos franceses foi derramado".

– Não – disse Luís XVI –, jamais fiz derramar pessoalmente o sangue dos franceses.

No dia 21 de janeiro Joaquim estava entre a multidão para testemunhar o fato histórico: pela manhã Luís XVI foi guilhotinado na praça da Revolução. Assistido por um padre revolucionário, demonstrou grande coragem. Marchou para o patíbulo, onde a lâmina afiada o aguardava. O rufar dos tambores abafou suas últimas palavras:

– Meu povo, morro inocente...

À noite a chuva trouxe a umidade, que sorrateira parecia penetrar nos ossos de Joaquim e Helena, fazendo-os tiritar de frio. As portas e janelas dos edifícios parisienses estavam fechadas por ordem da Revolução. Ambos ainda tinham na mente a imagem daquela cabeça ensanguentada que o carrasco mostrara à multidão e às tropas. Em seus ouvidos ecoava o som das vozes que gritavam: "Viva a república!".

A França revolucionária separava-se de uma vez da Europa monarquista conservadora. Internamente, estava dividida em duas, mas a Revolução devia prosseguir.

5
Os amigos da Revolução

A reação de outros países à morte de Luís XVI foi imediata, com boicotes que levaram à escassez dos gêneros de primeira necessidade e provocaram a subida dos preços. Famílias famintas perambulavam pelas ruas e estradas. O contraste com a mesa farta da alta burguesia girondina tornou-se gritante.

O hotel Racine vinha perdendo clientes e Ken passava quase todo seu tempo na portaria, rabiscando anotações para um livro de memórias que pretendia escrever a respeito daqueles dias. Joaquim e Helena, envolvidos com o jornal de Marat, estavam sem notícias do amigo Antoine, que, falido, havia retornado a Saint-Malo para fechar seu negócio.

Joaquim pensava sobre a quantidade de coisas e pessoas interessantes que havia conhecido, como por exemplo o divertido marquês que Antoine lhe apresentara uma vez na porta do teatro. Lembrava bem de suas palavras:

– Veja, brasileiro: dizem que meu modo de pensar não pode ser admitido. Mas eu acho que bem mais louco é quem deseja prescrever aos outros um modo de pensar. Não acha?

– Mas o senhor marquês não me parece louco – disse Joaquim.

– Louca é a rainha portuguesa. Loucos são os Luíses. Meu modo de pensar é produto do meu pensamento, pertence à minha vida, à

minha atividade. Não está ao meu alcance mudá-lo, e se estivesse, não o faria. Certa vez fui condenado por causa do meu modo de pensar, considerado, bem... digamos... imoral. Mas ele é o único consolo de minha vida. Gosto mais dele do que da própria vida.

— E por que o senhor marquês foi preso? — arriscou timidamente Joaquim.

— Não foi meu modo de pensar que provocou minha desgraça, mas sim o modo de pensar dos outros...

E o marquês não disse mais nada. Com um leve aceno de cabeça se despediu dos amigos e desapareceu na noite brumosa de Paris, cantarolando.

Joaquim falou com Ken sobre o encontro e este comentou:

— Antoine me falou desse marquês de Sade. A Revolução tomou o castelo dele. Aí, ficou furioso — sorriu o inglês.

À noite, durante o jantar no pequeno restaurante popular Boi no Telhado, Helena contou as últimas novas ao namorado e a Ken: a Convenção tomara a defesa das medidas radicais de apoio à República. A proposta dos jacobinos era a de defender a nação, ameaçada pelas forças externas e internas.

— A nossa imprensa apoia essas medidas e o Tribunal Revolucionário procura suspeitos. Há nobres que voltaram ao país para conspirar, e há padres que não apoiam a Revolução — comentou Helena.

— E Marat, como vai? — perguntou Ken.

— Está sofrendo muito com a doença de pele que pegou nos esgotos, ao escapar dos fuzilamentos do Campo de Marte. Agora dedica-se a atacar com violência os ricaços girondinos. Não é fácil conviver com ele, mas é mais inteligente do que Robespierre — disse Helena sorrindo.

— Fale baixo, pois por aqui há... — advertiu Ken.

— Calma, você é inglês e não tem nada a temer — retrucou Helena.

Nos meses seguintes a crise se aprofundou. A Revolução criou o Comitê de Salvação Pública, dirigido por Danton. Os girondinos obrigaram, então, a Assembleia a criar um comitê para controlar o povo.

Em junho de 1793 os *sans-culottes* armados foram à Assembleia e obrigaram a Convenção a prender os representantes girondinos. Seus líderes, Jean-Paul, o jornalista Heberto e o padre Jacques, alcançaram grandes vitórias.

À frente do grupo, Jean-Paul Marat bradou:

— O quadro é de fome extrema e descontrole! Os alimentos devem ser distribuídos equitativamente, as fortunas igualadas pelos impostos, os latifúndios repartidos!

Paris fervia. O ritmo das vidas de Joaquim e Helena se acelerava. Ela trabalhava o tempo todo no jornal. As províncias conservadoras temiam os avanços da população parisiense, mais empobrecida e mais politizada.

— Essa é a diferença com o Brasil — comentava Joaquim. — Aqui há jornais, escolas, escritores como esse tal de Rousseau, as...

Nesse momento Helena irrompeu no hotel. Sem conseguir conter as lágrimas, falou:

— Perdemos um amigo! Jean-Paul foi assassinado em casa, durante o banho... a mando dos girondinos... por uma jovem chamada Carlota.

Os dois jovens, chocados, aguardavam mais informações:

— Carlota foi presa e o Comitê de Salvação Pública formou um governo revolucionário radical. Vamos segurar essa maré contrarrevolucionária que matou Marat!

Nos dias que se seguiram as camadas populares manifestaram-se contra os realistas e nobres que haviam sobrado e também contra a alta burguesia, que especulava com o preço dos gêneros de primeira necessidade. Os girondinos estavam agora contra a Revolução.

Antoine, chegando de sua viagem, espantou-se com o que os amigos lhe contaram.

— Puxa, como tudo mudou em poucas semanas! Os girondinos, nossos aliados, agora estão contra nós!

Naquele frio mês de setembro de 1793, os jornais anunciavam a formação de um exército revolucionário. O Comitê de Salvação Pública tentava controlar a economia, fixando um preço limite para o trigo e os artigos de primeira necessidade. Era necessário parar os que ganhavam com a inflação. Além disso, regularam os salários, para que não perdessem seu valor de compra.

O Comitê assumia a liderança da Revolução, tendo à frente Robespierre, Saint-Just e Couthon. O ano de 1793 passaria a ser chamado de ano 1 da Revolução. Começava o período do Terror.

– Não havia saída – comentava Antoine, enquanto voltava do clube dos jacobinos com Joaquim e David, o pintor amigo de Marat. Ao atravessarem a ponte sobre o rio Sena, Joaquim desabafou:

– Mas era preciso suspender a Constituição, tão arduamente negociada? Afinal, foram por terra os direitos do cidadão, a divisão dos poderes e tudo o mais!

– Olhe, Joaquim, isto é uma Revolução. Vemos reações a ela por todo lado. Há guerra externa e interna. Só um tribunal de julgamento rápido pode resolver as questões mais urgentes. Além do mais, chegamos até aqui e temos que assegurar as conquistas, nem que seja pela força! – rebateu Antoine, nervoso.

– Tem razão, sempre há o perigo de uma Revolução derrapar e se desviar de seus propósitos iniciais – disse David.

A partir de então o Comitê revolucionário passou a controlar tudo. A Assembleia enviava emissários com plenos poderes ao interior para aplicar os princípios da Revolução, traduzidos em leis populares.

Em outubro, a rainha Maria Antonieta, "a austríaca", foi executada, e em seguida muitas outras pessoas, entre nobres, deputados e gente da corte. Muitos padres se "descristianizaram", abandonando publicamente suas batinas, e todos passaram a se tratar por "tu", como na Roma Antiga.

De repente, porém, amigos de Danton são presos, acusados de corrupção. Danton os defende, embora assumindo uma posição indulgente diante do Terror revolucionário liderado por Robespierre.

No jornal de Marat, uma das notícias mais comentadas dizia respeito a um jovem capitão de artilharia, Napoleão Bonaparte, que reconquistara a região de Toulon das mãos de ingleses e realistas. Um rapaz atarracado, de apenas 25 anos, proveniente da Córsega, que tão cedo chegara a general.

A Revolução cada vez mais se radicalizava. Os bens dos suspeitos de corrupção eram distribuídos aos pobres. Na Convenção, Robespierre declarara:

– Todas as facções devem perecer num mesmo golpe. Isto é uma revolução!

Joaquim, a essa altura, estava aterrado. Até os seguidores de Heberto haviam sido condenados à guilhotina. Mas, ao mesmo tempo, a Revolução se espalhava por outras partes da Europa, em especial pela Polônia.

– As tropas revolucionárias venceram os austríacos. Usaram até um balão a gás numa batalha! – exclamou Helena.

– Isso é ótimo, com certeza, mas o que me preocupa é que Robespierre está ficando isolado. Ele está contra todos. Apesar de ter sido eleito presidente da Convenção, sua ordem de confiscar os bens dos suspeitos de corrupção é muito radical – observou Joaquim.

Antoine, que chegava ao jornal àquela hora, confirmava:

– São muitos os presos, entre eles Danton. E há gente demais sendo guilhotinada, até mesmo o físico Lavoisier.

– Mas é que, além de cientista, ele era cobrador de impostos do rei – tentou justificar Helena.

– É o império do Terror: rolaram as cabeças da irmã de Luís XVI e de centenas de pessoas no sul. Tudo por vingança. Assim não é possível – comentou Antoine.

– Pois é, mas você se esqueceu de que mataram nosso amigo Marat aqui mesmo? A Revolução precisa avançar enquanto é tempo – irritou-se Helena.

Nos dias seguintes foram tomadas várias medidas com a intenção de eliminar a pobreza no campo, pois a fome e o desemprego multiplicaram os mendigos. Em maio, Robespierre escapou de duas tentativas de assassinato. Os inimigos da Revolução fechavam o cerco.

6
Os inimigos da Revolução

Em Paris e em algumas grandes cidades a guilhotina, apelidada de "viúva negra", continuava afiada, cortando diariamente cabeças comprometidas com o Antigo Regime. Após a abolição da servidão, a limitação das fortunas, a elaboração de um projeto de seguro social e as tentativas de distribuição de riquezas aos pobres, aumentava a resistência dos que haviam se beneficiado com o Antigo Regime e dos partidários da realeza, além dos eternos aproveitadores da nova situação.

– Joaquim, Ken anda muito aborrecido com a prisão de amigos dele na Inglaterra, simpatizantes da nossa Revolução – comentou Antoine.

– Parece não haver lá tanta liberdade como diziam... – lembrou Joaquim.

– Precisamos resolver nosso principal problema: a fome. O trigo comprado dos Estados Unidos pelo governo revolucionário deve ajudar – acrescentou Helena.

– Agora Robespierre é presidente da Convenção republicana. Ele não tem saída: a Revolução tem que avançar, mas acontece que o poder de compra dos trabalhadores diminuiu, e o último aumento não agradou – disse Antoine preocupado.

E ele não era o único a se preocupar. A inquietação dos que apoiavam a Revolução era geral, pois a contrarrevolução estava se fortalecendo. Couthon, de sua cadeira de rodas, atacava violentamente os reacionários da direita, chegando a pedir na Convenção a suspensão de garantias para os acusados de traição. Aumentava aceleradamente o número de pessoas condenadas à guilhotina.

Fora do país, os exércitos revolucionários libertavam regiões inteiras das malhas do Antigo Regime monárquico. E voltavam trazendo para Paris carroças cheias de objetos de arte, colocando-os nos museus da cidade.

Começavam, por outro lado, as divergências entre a Convenção e o Comitê de Salvação Pública. Robespierre deixava de ser o todo-poderoso, o líder de toda a França.

Joaquim e seus amigos ouviram do próprio Robespierre, em julho de 1794:

– Sim, eu sou o responsável pelo Terror. Mas isso tem um nome: justiça. Terror é o medo dos que têm contas a pagar! Denuncio nominalmente ex-revolucionários que traíram!

– Mas há um perigo: o centro pode derrubar você. Por que não apela para o povo, para uma insurreição?

– Não – respondeu ele secamente, olhando para suas próprias mãos crispadas e arrumando em seguida sua casaca surrada.

Joaquim olhava com respeito para aquele homem, que até pouco tempo atrás era um modesto advogado, pensando:

"Falta-lhe apoio popular, canais de comunicação com os *sans-culottes*."

– Se Jean-Paul não tivesse sido assassinado, ele daria todo apoio com *O Amigo do Povo*... – suspirou Helena perto do líder.

Robespierre dirigiu um sorriso triste para eles e partiu com um pequeno grupo de pessoas pela noite adentro. Ken voltou seus olhos para o chão, Antoine acendeu um cigarro e Joaquim pensava naquele olhar, ao mesmo tempo doce e decidido, do líder revolucionário.

No dia seguinte, na Convenção, Saint-Just ainda tentou defender as atitudes de Robespierre, que acabara de encerrar seu mandato. A plateia vibrou, vaiou, zombou do extraordinário orador, impedindo-o de falar.

Robespierre queria discursar, mas cortaram-lhe o direito de falar. Tentou falar da tribuna, sendo também impedido. A plateia gritava com vaias ininterruptas:

– Abaixo o tirano!

Até pedras foram atiradas contra ele e contra Saint-Just. Quase ninguém conseguiu ouvir as palavras incendiárias de Robespierre:

– Pela última vez, senhor presidente dos criminosos, peço a palavra...

A plateia passou a uivar ainda mais:

– Prisão, prisão, prisão...

Seguiu-se então uma votação, que decidiu pela prisão de Robespierre. O presidente da Convenção justificou:

– A Revolução não pode derrapar agora. A liberdade e a república irão enfim sair de sob suas ruínas...

– Claro, já que vocês, os ladrões, venceram... – rebateu Robespierre.

Naquela tarde, Joaquim e seus amigos souberam que cada um dos presos fora levado para um local diferente.

– Vamos depressa para a prefeitura! – exclamou Helena. – É a hora da insurreição popular contra a Convenção, e o prefeito da cidade está conosco... – saíram todos correndo em direção à praça da Greve.

Enquanto isso, Robespierre era levado à prisão de Luxemburgo. O carcereiro, recebendo ordens contrárias da Comuna em Paris, não quis recebê-lo. O líder foi levado então para a prefeitura. Ali, recusou-se a liderar a insurreição, quando soube que havia certa hesitação das assembleias dos bairros em apoiá-lo.

Durante toda a tarde até a noite, muitas pessoas armadas começaram a se aglomerar na praça em frente, mas cansado de esperar palavras de ordem que não vinham, o povo acabou por se dispersar...

No exato momento em que Joaquim e Helena entravam no salão da Convenção, o presidente declarava fora da lei a Comuna e todos os não convencionais ali presentes.

– Como? Eu, fora da lei? Posso até ser guilhotinado... – sussurrou Joaquim para Helena, assustado.

– Todos nós, é claro! Mas sossegue...

Havia muita confusão e medo no ambiente. De repente, ouviu-se um tiro seco de revólver.

– Atiraram em Robespierre! – gritavam as pessoas.

– Foi aquele guardinha ali! – alguém apontou.

O guarda pulou a primeira janela que viu pela frente. Robespierre, com o maxilar estraçalhado pelo tiro, foi transportado num carroção para a praça da Revolução. Joaquim e seus amigos, na confusão, haviam fugido.

Em pouco tempo a lâmina fria da guilhotina caía sobre o pescoço de Robespierre, de Saint-Just e de outros amigos. Na praça, alguns burgueses gritaram:

– Morte aos déspotas!

– Mas eram déspotas da liberdade... – sussurrou Helena, que tinha vindo para a praça disfarçada de freira, enquanto seus amigos vestiam roupas de monges.

O morticínio continuou nos dias que se seguiram. Mais de cem revolucionários jacobinos foram executados, pondo fim ao período do Terror.

A França revolucionária resistira às invasões da Áustria e da Prússia, fiéis à monarquia unificada europeia. Mobilizara um milhão de soldados para defender sua revolução de outras potências, como Inglaterra, Holanda e Espanha. Em ambos os casos, a liderança firme de Robespierre tivera sua razão de ser.

No Racine, alguns dias após a morte do líder revolucionário, hóspedes conversavam na portaria. Entre eles, um velho historiador da cidade de Toulouse comentava:

– Robespierre e seus aliados morreram porque não perceberam que o Terror não era mais necessário; que já eram vitoriosos. Sua política social e suas medidas populares só produzirão efeitos a longo prazo. Por isso ele não teve a adesão e a sustentação da massa – declarou com sua voz anasalada.

– Mas o povo ao menos viu a derrota dos nobres, das perucas empoeiradas, da corrupção, dos que mamam nas tetas do Estado... – observou Ken.

– Sim, mas que povo? – rebateu o velho historiador. – Se os camponeses proprietários ficaram felizes com a abolição completa do regime feudal e seus impostos depois de 1793, os trabalhadores urbanos estão furiosos com a limitação dos salários, em especial os *sans-culottes*.

7
O fim da Revolução

Depois da morte de Robespierre, os deputados centristas menos radicais começaram a recuar. Suspenderam medidas do Comitê de Salvação Pública, o órgão revolucionário; entre elas, cancelaram a lei de fixação do preço máximo para o trigo do pão e para artigos de primeira necessidade. Resultado: inflação e estouro dos preços. Comentava-se que, ao voltar atrás, a Revolução se perdera. A contrarrevolução mostrava suas garras.

De maio a julho de 1795, os motins populares provocados pela fome foram sufocados com extrema violência. O Comitê passou a ter sua atuação limitada, e a liberdade da prefeitura parisiense foi cortada. Até mesmo o hino revolucionário *A marselhesa* foi proibido. Os jacobinos continuavam sendo perseguidos e executados.

Certa manhã, bem cedo, Joaquim saiu apressado à procura de Helena. Tinha uma proposta muito importante para lhe fazer.

– Casamento! Joaquim, você sabe que te amo muito, mas não sei se este é o momento...

– Helena, as coisas estão muito incertas por aqui. Os empregos estão difíceis para nós: sempre vamos ser suspeitos por nossos contatos com Marat, Robespierre e os outros. Acho que este é o momento; vai ser difícil viver tranquilamente na França.

– Quer dizer... que você está pensando em voltar para o Brasil?

– Ao menos por algum tempo, até a tempestade passar – propôs Joaquim.

Poucos dias depois, numa cerimônia simples, o casal recebeu a bênção de um vigário amigo. Já no hotel de Ken, a noiva ergueu um brinde aos convidados.

– Meus amigos, estes não são tempos de festa, mas a esperança não nos abandonou. Teremos nossa revanche...

Apesar das palavras firmes de Helena, a situação vinha se alterando muito nos últimos meses. A Convenção se afastou do povo e passou a governar com uma nova Constituição, que eliminava a participação popular. Era a vitória da nova oligarquia burguesa.

O executivo estava enfraquecido, com duas Câmaras Legislativas, e mais um Conselho de Anciãos e outro dos Quinhentos. Das eleições indiretas só participaram os ricos. A Revolução perdia terreno...

Nos meses seguintes a França passou por sucessivas crises econômicas. Antigos simpatizantes da monarquia retomavam suas posições. Em outubro de 1795 eles tentaram um levante, esmagado pelo jovem general revolucionário Napoleão Bonaparte.

Logo mais o ensino público e gratuito deixava de ser obrigatório, embora continuasse a liberdade de culto. O chamado Terror Branco, dos nobres, perseguiu e massacrou jacobinos por toda a França. O exército, que passara a reprimir levantes populares depois de maio de 1795, ganhou força, sendo frequentemente chamado pela Convenção para "assegurar a ordem".

– Nós devemos ser governados pelos melhores, isto é, por aqueles que possuem propriedades – rosnou o presidente da Convenção aos *sans-culottes*, quando estes invadiram uma sessão para pedir pão e a volta da Constituição dos jacobinos.

O descontentamento popular crescia. O problema econômico e o da alimentação permaneciam, agravados pelo rigor do inverno daquele ano. Os generais republicanos, filhos da Revolução, fortaleciam-se com as vitórias no exterior. Os liberais girondinos, do centro, não conseguiam estabilizar a república. E os partidários da realeza lutavam pelo retorno dos Bourbons.

No quase abandonado restaurante Polidor, Joaquim e Helena reuniram-se com os amigos pela última vez:

– Você leu o "Manifesto dos Iguais", Ken? – perguntou Antoine.

– Sim, foi Graco Babeuf quem o redigiu, aquele autor de projetos de reforma fiscal e agrária. Ele armou tudo com um agitador italiano. Estiveram presos aqui em Paris.

— Não é mais possível permanecer aqui — interrompeu Helena, desabafando. — O ar está irrespirável com tanta repressão. Babeuf criticou os escândalos do Diretório e defendeu a supressão da propriedade individual. Leu muito Rousseau. Por tudo isso o guilhotinaram...

— Ele era jornalista da *Tribuna do Povo* — observou Ken.

— Babeuf foi a última tentativa popular — concluiu desanimado Antoine.

— O Clube do Panteão, aqui perto, centro dos descontentes e pobres de Paris, foi fechado por ordem do Diretório, preocupado com esses novos jacobinos... — notou Ken. — Logo me pegam também.

— E quem fechou foi o tal do Napoleão. Aliás, dizem que ele anda de namoro com a viúva de um general, a linda Josefina... — disse Antoine, divertido. E completou: — Agora, vamos deixar de lado a política e aproveitar a companhia de nossos queridos Joaquim e Helena, que logo partem para o Brasil. Hoje o vinho é por minha conta!

O ano de 1799 chegava ao fim quando Joaquim e Helena embarcaram no porto de Marselha, rumo ao Brasil. A bordo, ficaram sabendo que Napoleão havia dado um golpe no Diretório, dissolvendo-o. Ajudado por outros militares, havia fechado também o Conselho dos Quinhentos e nomeado um governo provisório de três pessoas. Uma delas era o próprio Napoleão, que acabaria com o regime republicano quatro anos depois.

Em alto-mar, encostado na amurada do navio, o pensamento de Joaquim vagava.

Helena aproximou-se do marido, colocando delicadamente a mão sobre o seu ombro. Joaquim virou-se para ela:

— Sabe, Helena, fui à Europa para estudar, mas as melhores lições aprendi com a vida. Nem houve tempo para ir às aulas...

— Mas talvez você até se aborrecesse com as aulas tão desligadas da realidade, dadas por professores de peruca, beca e pó de arroz — disse Helena, sorrindo.

— Estou com medo de que você se assuste com meu país. Com a escravidão, os monopólios, aquela burocracia toda... E com as perucas também...

— Olhe, chega de medos. Nada mais me espanta depois do que vimos e vivemos em Paris. O importante é ter força para recomeçar do zero, se for necessário.

— Acho que logo de início vamos ter problemas com esses livros que estamos levando — advertiu Joaquim. — Sobretudo o do filósofo Rousseau, esse no qual ele diz que os frutos são de todos e a terra é de ninguém. Nem a minha família lá em São Paulo vai gostar!

— Pois eles devem saber, Joaquim, que a Declaração dos Direitos do Homem e do Cidadão diz que todo povo possui sempre o direito de rever, de reformar e de mudar a sua Constituição. Isso é universal!

— É verdade. Uma geração não pode sujeitar as gerações seguintes às suas leis. "Todos os homens são iguais por natureza e perante a lei". Não é isso? — perguntou o rapaz.

— Todos os homens, e as mulheres também... — completou Helena, rindo do tom solene de Joaquim. — Estou curiosa para conhecer sua terra e seu povo "bárbaro"...

Anoitecia. A fragata Cutty Sark preparava-se para aportar em Recife, onde os policiais portugueses vistoriavam com enorme zelo todos os navios provenientes da França. É que eles transportavam, além de mercadorias, ideias novas.

Uma visão da História
Introdução

A Revolução Francesa é um dos capítulos mais importantes da longa passagem histórica do sistema feudal para o capitalista. Junto com a Revolução do século XVII e a Revolução Industrial do século XVIII, ambas na Inglaterra, e ainda com a Revolução Americana de 1776, ela lançou as bases da História Contemporânea.

Nos densos e agitados dez anos revolucionários (1789-1799), a História se acelerou, dando forma à ideia de igualdade social, à questão do poder legítimo e representativo, além da noção de respeito aos direitos individuais do cidadão, sintetizados no lema *Liberdade, Igualdade, Fraternidade* e na Declaração dos Direitos do Homem.

Não apenas as ideias daqueles que defendiam a reforma ou a revolução são os fatores que explicam a Revolução Francesa. Havia, antes de tudo, uma aguda fome assolando os campos e cidades do país. A organização jurídico-política baseada nas chamadas três ordens ou estados (nobreza, clero e povo) não permitia o acesso da burguesia ao poder. Ao derrubar a aristocracia e o absolutismo da dinastia dos Bourbons, a França foi, nos primeiros dez anos da Revolução, um dos centros irradiadores da democracia contemporânea no mundo.

Uma visão da História

O fraco rei Luís XVI executado na guilhotina em 1793: é o fim de uma época.

Uma transformação radical

A Revolução Francesa, em 1789, derrubou a aristocracia que vivia dos privilégios feudais e liquidou a servidão, destruindo assim o esquema que sustentava o Estado absolutista, encarnado na figura do monarca Luís XVI. As famintas massas populares urbanas, a pequena burguesia radical, os pequenos produtores e sobretudo os camponeses (servos) mobilizaram-se para colocar abaixo o chamado Antigo Regime. Além disso, instalou-se, com a Revolução, uma Assembleia Nacional Constituinte, em que ficaram definidos os princípios da nova sociedade, e formou-se a Primeira República Francesa.

A venda de "sopa popular".

Uma sociedade hierarquizada

Na época da revolução de 1789, a sociedade francesa possuía uma rígida hierarquia social, que dividia a população em estamentos (também chamados ordens ou estados).

O primeiro estado era representado pelo clero. Seus 120 mil representantes dividiam-se em dois grupos, o Alto Clero (bispos, abades, priores e cônegos de origem nobre), que desfrutava do luxo da Corte, e o Baixo Clero (curas e vigários de aldeias), que enfrentava os problemas da miséria.

O segundo estado era a nobreza, com cerca de 400 mil membros. Seus representantes gozavam de privilégios econômicos e fiscais, detinham os mais altos cargos do Estado e cobravam uma série de direitos feudais. Eles se dividiam em vários grupos: havia os palacianos, que desfrutavam de todas as vantagens da Corte; a nobreza de toga, formada por pessoas oriundas da burguesia e que haviam comprado seus títulos e propriedades das aristocracias feudais; os nobres de sangue, descendentes das antigas famílias feudais; e os provinciais, nobres decadentes que viviam nos campos e procuravam manter as aparências.

O terceiro estado representava o restante da população francesa. Era o único grupo social que pagava impostos. Dividia-se em alta burguesia (banqueiros, armadores, financistas e grandes empresários); média burguesia (profissionais liberais, médicos, dentistas, advogados, tabeliães, professores etc); pequena burguesia (artesãos, lojistas, trabalhadores do campo e das cidades). Entre eles, havia ainda pessoas em condições feudais, os servos, além de camponeses semilivres.

Cerca de 80% dos franceses moravam no campo e o restante, em pequenas cidades, que tinham de 2 mil a 5 mil habitantes. A exceção era Paris, que, com seus 600 mil moradores, era uma cidade europeia por excelência. Com seus cafés, bares, restaurantes e jardins, funcionava como ponto de encontro de intelectuais, aristocratas, burgueses e estrangeiros ávidos por negócios, estudos e prazeres decorrentes da boêmia da cidade. No entanto, longe da região central, existia uma outra Paris, constituída de pobres e trabalhadores. De modo geral, eles viviam em bairros com péssimas condições de higiene e em habitações precárias. No campo, a situação era ainda pior, pois os camponeses tinham de pagar impostos cada vez mais elevados para sustentar os gastos da Corte com festas e despesas de um Estado falido.

Revolução Francesa

O palácio de Versalhes foi o centro da vida exuberante da corte francesa.

Nesse período destruiu-se a sociedade de *ordens,* ou *estados,* do Antigo Regime – nobreza, clero e povo –, criando-se condições para o desenvolvimento do capitalismo na França, uma vez que estavam garantidos os princípios de liberdade de empreendimento e de lucro. Num contexto de violenta luta social, surgiram no cenário histórico várias correntes de pensamento social, e político.

Se a Revolução pode ser chamada de burguesa, não se deve deixar de lado o movimento camponês e popular urbano que lhe deu sustentação. Os camponeses, duramente atingidos pela crise econômica, foram levados à miséria, o que aumentou sensivelmente a insegurança nos campos. Sua ira diante dos senhores ampliava-se por toda a França, com levantes, tumultos e reivindicações contra os direitos feudais.

O movimento camponês abalou a aristocracia. Nessa luta, segundo o historiador francês Georges Lefebvre, "o meio mais certo consistia no incêndio dos castelos e dos seus arquivos ao mesmo tempo", pois neles estavam registradas as obrigações e as dívidas dos camponeses. "Não foram poucas as vezes", diz ainda o historiador, em que "os senhores recusavam-se a se desfazer de seus pergaminhos, e os camponeses incendiavam os castelos e enforcavam os donos".

A fome e a carestia estavam na base desses movimentos, e também um pouco das ideias do grande filósofo do Século das Luzes, Jean-Jacques Rousseau, para quem "os frutos são de todos e a terra é de ninguém".

A eclosão da Revolução deveu-se, portanto, a uma série de fatores: miséria, fome, desemprego, carestia e aumento populacional – além das más colheitas de 1788-89, o que elevou brutalmente o preço dos gêneros

Acima: a queima de castelos provocava o desaparecimento dos títulos de propriedade. "Os frutos são de todos e a terra é de ninguém", escrevera o filósofo Rousseau alguns anos antes.

Ao lado: o pomposo mas indeciso Luís XVI.

Uma visão da História

A rainha Maria Antonieta, "a Austríaca", e seus filhos.

À direita: um sans-culotte, *figura típica da revolução popular na França.*

Abaixo: *a queda da fortaleza da Bastilha, símbolo do despotismo.*

Revolução Francesa

Uma onda revolucionária varre o mundo

O século XVIII foi um período de profundas mudanças políticas, econômicas, sociais e culturais da humanidade. Nesse sentido, pode-se dizer que a revolução levada a cabo pelos franceses em 1789 foi apenas a ponta do *iceberg* de um processo bem mais amplo. Os ideais iluministas, a luta anticolonialista e o fim da escravidão foram questões que envolveram milhares de pessoas em diversos lugares do mundo naquela época e abalaram a estrutura dos governos absolutistas constituídos.

Grande parte desses movimentos sociais e políticos foi resultado das teorias iluministas propagadas por autores como René Descartes, Spinoza, Thomas Hobbes, John Locke. Embora tivessem grandes diferenças entre si, esses pensadores defendiam a ideia de que havia chegado o momento da humanidade se libertar das amarras do obscurantismo e da ignorância e passar a se organizar e viver em função de outros valores e conceitos, como o uso da razão, da técnica, das ciências e da igualdade jurídica.

Por causa da relutância das camadas dirigentes em promover tais mudanças – que acarretariam na perda de seus privilégios –, começaram a surgir diversos movimentos de contestação e revoltas pelo mundo. Um dos primeiros lugares onde isso aconteceu foi na Holanda, país que, após inúmeras batalhas, conseguiu em 1581 sua independência do domínio espanhol. Durante os séculos XVII e XVIII, a Holanda ainda se destacou por abrigar pessoas perseguidas por causa de suas crenças religiosas e políticas e por imprimir em seu território grande parte do pensamento iluminista.

Nessa luta contra a tirania pode-se citar também o caso das 13 colônias inglesas na América do Norte, que, em 1776, declararam sua independência e iniciaram uma guerra emancipacionista contra a Inglaterra que só terminou em 1783. Na colônia francesa do Haiti, os escravos negros, influenciados pelos ideais iluministas, iniciaram em 1791 uma rebelião contra a escravidão e o colonialismo. As lutas se estenderam até 1804, quando eles conseguiram expulsar ou matar todos os brancos de seu território e proclamaram a independência.

Escultura do filósofo iluminista Voltaire.

-*culottes*. Em resposta, o povo se opôs à Coroa e proclamou a Assembleia Nacional, que, com o apoio de parte do clero e de deputados reformistas da nobreza, passou a ser Assembleia Nacional Constituinte em 9 de julho de 1789. Uma nova Constituição francesa seria elaborada.

O rei e os nobres mais conservadores, no entanto, tentavam, de inúmeras maneiras, obstruir as reformas constitucionais propostas pelos grupos populares. Isso acirrou os conflitos políticos da França e deixou a população com os ânimos exaltados. Em 14 de julho de 1789, o povo armado invade a Bastilha – prisão estatal, símbolo da opressão da monarquia francesa – e deixa uma centena de mortos. A revolta ganha as ruas e se estende pelos campos, onde vários castelos e palácios são incendiados. Era o chamado "Grande Medo", que opunha servos e senhores.

Pressionada, em 4 de agosto, a Constituinte aboliu os privilégios feudais e, em 26 de agosto, proclamou a Declaração dos Direitos do Homem e do Cidadão. Em 5 de outubro, o rei Luís XVI foi obrigado a retornar de Versalhes para Paris, sob pressão popular.

de primeira necessidade, e do pão em especial, em julho de 1789.

A nobreza reagiu a essa crise provocando uma série de conflitos que desembocaram, em 1788, na convocação dos Estados Gerais, antigo órgão consultivo da monarquia, formado por representantes do clero, da nobreza e do terceiro estado.

As más colheitas repercutiam nas cidades, provocando crises de subsistência e esvaziando as mesas dos artesãos e pequenos trabalhadores urbanos: os *sans*-

Declaração dos Direitos do Homem e do Cidadão

No dia 26 de agosto de 1789, os parlamentares franceses reunidos na Assembleia Nacional, em Paris, apresentaram um texto contendo 17 artigos, denominado Declaração dos Direitos do Homem e do Cidadão. Esse documento surgiu para servir de introdução à nova Carta Magna, mas acabou se transformando nos fundamentos do Estado Moderno considerado a base de inspiração da atual política de defesa dos Direitos Humanos. Em 1793 e 1795, os franceses ainda chegaram a alterar essa Declaração, acrescentando novos itens. Estes são seus 17 artigos:

I – Os homens nascem e permanecem livres e iguais perante a lei; as distinções sociais não podem ser fundadas senão sobre a utilidade comum.

II – O fim de toda associação política é a conservação dos direitos naturais e imprescritíveis do homem; esses direitos são: a liberdade, a propriedade, a segurança e a resistência à opressão.

III – O princípio fundamental de toda autonomia reside essencialmente na nação; nenhuma corporação, nenhum indivíduo pode exercer autoridade que ela não emane expressamente.

IV – A liberdade consiste em fazer tudo que não perturbe a outrem. Assim, os exercícios dos direitos naturais de cada homem não têm limites senão os que asseguram aos outros membros da sociedade o desfrute desse mesmo direito; esses limites não podem ser determinados senão por lei.

V – A lei só tem o direito de proibir as ações que prejudiquem a sociedade. Tudo quanto não for impedido por lei não pode ser proibido e ninguém é obrigado a fazer o que a lei não ordena.

VI – A lei é a expressão de vontade geral; todos os cidadãos têm o direito de concorrer pessoalmente ou pelos seus representantes para a sua formação; deve ser a mesma para todos, seja os protegendo, seja ela os punindo. Todos os cidadãos sendo iguais aos seus olhos, são igualmente admissíveis a todas as dignidades, lugares e empregos públicos, segundo as respectivas capacidades e sem outras distinções que não sejam as das suas virtudes e as dos seus talentos.

VII – Ninguém pode ser acusado, preso, nem detido, senão nos casos determinados pela lei, e segundo as formas por ela prescritas. Os que solicitam, expedem, ou fazem executar ordens arbitrárias devem ser punidos; mas todo cidadão chamado em virtude da lei deve obedecer incontinenti; ele torna-se culpado em caso de resistência.

VIII – A lei só deve estabelecer as penas estritas e evidentemente necessárias e ninguém pode ser punido senão em virtude de uma lei estabelecida e promulgada anteriormente ao delito e legalmente aplicada.

IX – Todo homem é presumido inocente, até que tenha sido declarado culpado e se for indispensável será preso, mas todo rigor que não for necessário contra sua pessoa deve ser severamente reprimido pela lei.

X – Ninguém deve ser inquietado pelas suas opiniões, mesmo religiosas, desde que as suas manifestações não prejudiquem a ordem pública estabelecida pela lei.

XI – A livre comunicação das opiniões e dos pensamentos é um dos direitos mais preciosos do homem; todo o cidadão pode então falar, escrever, imprimir livremente; devendo responder pelos abusos desta liberdade em casos determinados pela lei.

XII – A garantia dos direitos do homem e do cidadão necessita uma força pública; essa força é então instituída para vantagem de todos e não pela utilidade particular aos quais é confiada.

XIII – Para manutenção da força pública e para os gastos de administração, uma contribuição comum é indispensável; ela deve ser igualmente repartida entre todos os cidadãos na razão das suas faculdades.

XIV – Os cidadãos têm o direito de constatar por si mesmos ou pelos seus representantes, a necessidade da contribuição pública, de consentir livremente, de seguir o seu emprego, de determinar a quantidade e a duração.

XV – A sociedade tem o direito de pedir contas a todo agente público de sua administração.

XVI – Toda sociedade na qual a garantia dos direitos não é assegurada, nem a separação dos poderes determinada, não tem constituição.

XVII – A propriedade sendo um direito inviolável e sagrado, ninguém dela pode ser privado se não for por necessidade pública, legalmente constatada, sob a condição de uma justa e prévia indenização.

Revolução Francesa

A pressão popular obrigou a Assembleia a avançar em suas posições.

As fases da Revolução

A Revolução Francesa pode ser dividida em vários momentos, durante os anos em que durou o processo revolucionário.

Assembleia Nacional Constituinte (1789 a 1791)
Período de abolição do regime feudal e de montagem da ordem monárquica constitucional.

Monarquia constitucional (1791 a 1792)
O regime dividiu-se entre os monarquistas, que queriam ver preservado o poder independente do rei, e a maioria dos representantes na Assembleia, que defendia o papel dos cidadãos na fiscalização e controle do governo. A Constituição liberal de 1791, obra da Assembleia Nacional Constituinte, definiu a monarquia constitucional. Mas uma série de fatores levaram o regime a um colapso, em setembro de 1792. Entre eles, podemos citar: a agitação popular que atemorizava os deputados da Assembleia; a fracassada tentativa de fuga do rei Luís XVI, em julho de 1791, que tentava retomar o poder com a ajuda de outras monarquias absolutistas vizinhas; e o início da guerra contra a Áustria e a Prússia, em abril de 1792 – Estados que temiam o surgimento de uma onda revolucionária em toda a Europa.

Convenção (1792 a 1795)
Assembleia Legislativa decide dissolver-se e convocar eleições para uma nova assembleia, denominada Convenção. Em sua primeira seção, em 21 de setembro de 1792, a Convenção decreta o fim da monarquia e o advento da República. Era um momento em que se encontrava grave

A malograda fuga do rei em 1791: preso e guilhotinado.

Uma visão da História

Jean-Paul Marat foi um dos líderes mais radicais da Revolução.

Robespierre, pregador austero dos direitos e deveres do cidadão.

O advogado Danton a caminho da execução: envolveu-se com corruptos, colocou-se contra o Terror e acabou na guilhotina.

Graco Babeuf, líder da "conspiração pela igualdade", apresentou a primeira proposta comunista contemporânea, contra a propriedade particular, e a favor do desenvolvimento do homem pelo trabalho, cujos frutos deveriam ser repartidos dentro da "mais escrupulosa igualdade".

Revolução Francesa

o quadro de guerra externa. A nova assembleia dividia-se entre os *girondinos* (liberais mais ligados às províncias, interessados na guerra) e os *montanheses* (apoiados pelas massas populares de Paris, os *sans-culottes*), democratas radicais que no início eram contra a guerra.

Luís XVI é guilhotinado em janeiro de 1793, iniciando-se o período de "despotismo da liberdade". Os montanheses ou *jacobinos* – como ficaram conhecidos os que se situavam à esquerda na Convenção – controlavam a situação politicamente. Por um ano, entre 1793 e 1794, a Revolução se aprofunda, liderada por Robespierre e pelos jacobinos, dirigindo-se contra a invasão estrangeira e os levantes de rebeldes contrários à Revolução. Milhares de opositores ou supostos adversários do novo regime foram guilhotinados em Paris, Nantes, Toulon e Lyon. É o chamado "Grande Terror". Entretanto, perdendo apoio popular, os líderes Robespierre e Saint-Just e seus companheiros são guilhotinados em julho de 1794. Representantes da média e alta burguesia assumem o poder e governam até outubro de 1795, quando a Convenção é substituída pelo Diretório, composto por cinco membros escolhidos pelo Poder Legislativo.

As novidades da Revolução

Baseados no princípio de que a razão deveria conduzir as atitudes dos homens, os revolucionários franceses decidiram modificar o calendário e criar um novo sistema de pesos e medidas. A primeira dessas alterações foi a decretação do fim do calendário gregoriano e a implantação do "Calendário da Razão", lançado em 1792, ano rebatizado com o nome de Ano I Revolucionário.

Pelo novo calendário dos franceses, o ano era dividido em 12 meses, todos com 30 dias. Ao final desse período, havia cinco dias extras (ou seis, nos anos bissextos), reservados para os feriados. Os meses tinham três semanas, cada uma com dez dias. Os dias deixaram de ser divididos em 24 horas e passaram a ser divididos em 10 horas. Cada hora durava 100 minutos, e cada minuto, 100 segundos, o que levou à fabricação de novos modelos de relógio. Os meses também ganharam outros nomes, como Brumário, para o mês da neblina, Nivose, para o mês das neves, Termidor, para o mês quente. Esse calendário foi adotado até 1806, quando Napoleão Bonaparte reimplantou o gregoriano.

Melhor resultado teve a unificação no sistema de pesos e medidas. Os franceses procuravam um sistema baseado em grandezas físicas confiáveis. Para isso, eles tomaram como base a própria Terra. A ideia da Academia Francesa de Ciências foi calcular a distância entre o Equador e o Polo Norte, tendo como parâmetro um meridiano que passava por Paris. Eles escolheram duas cidades no nível do mar cruzadas por esse meridiano – Barcelona (Espanha) e Dunquerque (França) – e mediram a distância entre elas. Por projeção descobriram a distância entre o Equador e o Polo Norte. Esse número foi dividido por dez milhões e o resultado obtido era o metro, cujo tamanho foi oficializado em 1799.

A partir dele, a Academia definiu quanto pesava um grama. Ele deveria ser o equivalente à massa de um decímetro cúbico de água pura; já o litro foi definido como o volume equivalente ao de um cubo com 10 centímetros de lado. Apesar das vantagens do sistema métrico, a população levou algum tempo para se acostumar. A partir de 1837, entretanto, ele se tornou compulsório em toda a França e acabou sendo adotado pela maior parte dos países do mundo.

Em julho de 1794, encerrou-se o período em que os combativos jacobinos predominaram, e a Revolução se aprofundou.

Uma visão da História

Diretório (1795 a 1799)

Nesse período a França torna-se um "país governado por proprietários". A Constituição do ano III da Revolução, que definia a democracia burguesa, representou o meio-termo do processo revolucionário. Contidas as forças estrangeiras (Prússia, Holanda e Espanha), o exército, que abafara a reação dos partidários da antiga realeza, ganha maior importância e passa a ocupar o lugar dos jacobinos e dos *sans-culottes*. Tem início a política de conquistas territoriais. É a construção da *Grande Nation*, que visa criar "repúblicas irmãs" ao redor da França. Com suas vitórias nas campanhas de guerra, o general Napoleão Bonaparte torna-se o mais influente chefe militar dos franceses.

Em 1796, fracassa a Conjuração dos Iguais, liderada por Graco Babeuf, última tentativa socialista durante a República. Em 1797, Napoleão vence os austríacos na Itália, o que faz aumentar ainda mais o seu prestígio.

Em 1798, a burguesia enfrenta ainda uma última vitória eleitoral dos jacobinos; no ano seguinte, Napoleão

O jovem corso Napoleão Bonaparte, que chegaria ao poder, consolidando o domínio da burguesia francesa.

Napoleão diante do chamado Conselho dos Quinhentos, antes de chegar ao poder na França.

Bonaparte lidera um golpe de Estado: a Assembleia é dissolvida e o Diretório é substituído por três "cônsules" provisórios – o próprio Napoleão e dois ex-integrantes do Diretório, Sieyès e Ducos. Além disso, o general promulga uma nova Constituição, que concentra todos os poderes em suas mãos. É o golpe que dá início ao Consulado, sob o lema: "A Revolução acabou".

Uma revolução burguesa

O movimento popular urbano e camponês teve papel decisivo na Revolução. No Terceiro Estado (o povo), que era composto por artesãos, camponeses e burguesia, estavam as principais forças populares que enfrentaram o Antigo Regime. Nas cidades, os trabalhadores artesãos tinham uma capacidade de crítica e de mobilização muito grande. As lideranças da burguesia se apoiaram nela para derrubar os privilégios da nobreza e para conquistar o poder político. O privilégio do dinheiro tomou o lugar do privilégio de nascimento. Como diz o historiador Leo Huberman, "*Liberdade, igualdade, fraternidade* foi uma frase popular gritada por todos os revolucionários, mas coube principalmente à burguesia desfrutar".

Com a população total de 28 milhões de habitantes no final do Antigo Regime, a massa de trabalhadores urbanos era das mais atingidas pela falta de alimentos, em especial o trigo. Em Paris, com cerca de 600 mil habitantes, havia mais de 160 mil mendigos. As más colheitas

SUPLEMENTO DE LEITURA

O COTIDIANO DA HISTÓRIA

Revolução Francesa
Carlos Guilherme Mota

editora ática

Nome _____ Escola _____

Professor _____ Ano _____

A Revolução Francesa marca o fim de uma era. Quando a burguesia acabou com os privilégios da nobreza e do clero, derrubou a monarquia e assumiu o poder, uma nova etapa na história da humanidade se iniciava. Nas atividades a seguir, você poderá refletir sobre o significado desse movimento revolucionário para a França e a influência que ele exerceu nas demais sociedades contemporâneas.

❶ POR DENTRO DO COTIDIANO DA HISTÓRIA

1. Em 9 de julho de 1789, dia em que o estudante Joaquim chegou a Paris, ele foi informado que os Estados Gerais haviam se autoproclamado Assembleia Constituinte. Qual o significado dessa mudança?

_____
_____
_____
_____
_____

2. Durante uma reunião de revolucionários, Emílio, um professor da Universidade de Sorbonne, afima: "O Terceiro Estado somos todos nós!".

a) O que o professor quis dizer com essa frase?

_____
_____
_____
_____
_____
_____

b) Quem fazia parte do Terceiro Estado? As condições de vida e os direitos eram iguais para os seus integrantes?

SUPLEMENTO DE LEITURA

3. Durante o período da Revolução Francesa conhecido como Convenção, o poder ficou sob o controle dos jacobinos. Seu principal líder, Robespierre, deu início a um processo de perseguição a seus opositores, condenando-os à morte na guilhotina. Era o Terror, cujo auge foi em 1794. Localize na narrativa literária uma passagem que descreva esse período.

❷ UMA VISÃO DA HISTÓRIA

4. O século XVIII foi marcado por revoltas e rebeliões em diversos lugares do mundo, como nos Estados Unidos, Brasil, Irlanda, Bélgica, Holanda, Haiti. Mas a Revolução Francesa é considerada a mais importante de todas essas para o conjunto da humanidade. Por quê?

Revolução Francesa

5. Em sua opinião, qual o significado da frase do filósofo Jean-Jacques Rousseau: "Os frutos são de todos e a terra é de ninguém"?
_____
_____
_____
_____

6. Durante a Monarquia Constitucional, o Terceiro Estado ascendeu ao poder e se dividiu em vários partidos políticos com interesses distintos, entre eles os girondinos, os jacobinos e os *sans-culottes*. Explique que interesses defendiam cada um deles.
_____
_____
_____
_____
_____
_____
_____
_____

7. A Revolução Francesa pode ser dividida em quatro momentos. Faça um quadro com os principais acontecimentos de cada uma dessas fases.

Assembleia Nacional Constituinte (1789 a 1791)
Monarquia constitucional (1791 a 1792)
Convenção (1792 a 1795)
Diretório (1795 a 1799)

SUPLEMENTO DE LEITURA

3 REFLETINDO SOBRE OUTROS TEXTOS

8. Abaixo, Eric Hobsbawm, um dos mais importantes historiadores contemporâneos, analisa o significado da queda da Bastilha para os franceses. Após a leitura do texto, responda às questões:

"O resultado mais sensacional de sua mobilização [do povo de Paris] foi a queda da Bastilha, uma prisão estatal que simbolizava a autoridade real e onde os revolucionários esperavam encontrar armas. Em tempos de revolução nada é mais poderoso que a queda de símbolos. A queda da Bastilha, que fez do 14 de julho a festa nacional francesa, ratificou a queda do despotismo e foi saudada em todo o mundo como o princípio de libertação."

(Eric J. Hobsbawm. *A Era das Revoluções (1789-1848)*. São Paulo, Paz e Terra, 2002, p. 94.)

a) O que significou para os franceses a queda da Bastilha?

b) Por que o autor afirma que, em uma revolução, é importante derrubar símbolos?

4 HISTÓRIA: O PASSADO E OS NOSSOS DIAS

9. Em 1948, a Organização das Nações Unidas (ONU) proclamou a Declaração Universal dos Direitos Humanos. O objetivo desse documento – criado logo após o término da II Guerra Mundial – era o de ampliar o respeito aos direitos e liberdades individuais em todo o mundo. Muitos de seus princípios foram incorporados da Declaração dos Direitos do Homem e do Cidadão, proclamada em 1789, durante a Revolução Francesa. A Constituição brasileira de 1988 reflete muitos aspectos do documento da ONU. No entanto, são frequentes as denúncias de que o Brasil nem sempre respeita os princípios ali estabelecidos. Faça uma pesquisa sobre esse documento elaborado pela ONU, compare com dados da realidade brasileira e produza um texto dizendo se essas denúncias são pertinentes.

Revolução Francesa

Revolução global

De todos os movimentos e revoltas ocorridos na história, a Revolução Francesa é considerada uma das mais importantes. Isso se justifica pelo fato de ter se tornado modelo para as principais transformações políticas, sociais e econômicas verificadas no mundo nos últimos séculos. Ela rompeu com a estrutura feudal em vigor, permitindo a consolidação do capitalismo, muitas vezes restringido pelos monarcas, pela Igreja Católica e pela aristocracia.

Outro aspecto a ser considerado é que esse movimento não apenas aconteceu em uma das maiores e mais influentes nações da época, como também contou com a participação de praticamente todos os setores da sociedade. De armas nas mãos, homens, mulheres, crianças, idosos, intelectuais, trabalhadores urbanos e camponeses promoveram um radicalismo poucas vezes observado na História. Revolucionários de outros países passaram a adotar cada vez mais as táticas usadas pelos franceses no enfrentamento do poder em seus territórios.

Também de forma inovadora, a Revolução Francesa criou nas sociedades a ideia de se pertencer a um país ou nação. Até então, as pessoas eram súditas de reis, ou seja, eles é que representavam um determinado grupo ou região. A partir de 1789, o governante perdeu definitivamente seu caráter divino para se tornar um representante da vontade de um povo. Com isso, criava-se uma justificativa jurídica e moral para a derrubada dos maus chefes de Estado ou de governo.

Além disso, do ponto de vista filosófico, a Revolução Francesa foi uma das primeiras a ser embasada em conceitos e princípios como Liberdade, Igualdade e Fraternidade. Até então, as guerras e revoltas aconteciam principalmente devido a questões territoriais, hereditárias ou econômicas. Por defender valores caros à humanidade, a concepção da Revolução Francesa foi amplamente incorporada pelos diversos movimentos ocorridos posteriormente em todo o mundo, como o socialismo, o comunismo, a luta pelo fim da escravidão e o anticolonialismo, e ainda hoje seus princípios servem de modelo na luta contra a opressão do cidadão.

Retrato de Marianne, símbolo da República.

provocadas pelo inverno de 1788 colocaram em marcha essa população miserável, que deu apoio ao movimento quando começaram as decapitações.

Em outro inverno – 1792-1793 – a história se repetiu, com a crise econômica impulsionando o povo miúdo, conhecidos como os despossuídos ou os deserdados. A burguesia girondina – armadores, banqueiros, negociantes internacionais – tornou-se então alvo da massa de *sans-culottes* (os populares que não vestiam as calças justas da nobreza – o culote).

Nesse longo percurso de apenas dez anos, uma lição de história foi aprendida, tornando clássico o caso da Revolução Francesa. A crise do Antigo Regime de Luís XVI e sua custosa corte; a reação feudal; a aliança entre burguesia e nobreza; a transformação dos Estados Gerais em Assembleia Nacional Constituinte; o assalto à fortaleza da Bastilha; a abolição da servidão; o confronto entre a república burguesa e a democracia popular; o choque do governo autoritário com a ditadura jacobina; a disputa entre igualitaristas radicais e representantes da revolução burguesa; e, finalmente, o golpe militar de Napoleão Bonaparte em 1799, completa, etapa por etapa, um processo político que marcou o mundo contemporâneo. Nele há uma espécie de amostragem de posições que se tornariam históricas, repetindo-se aqui e ali, com novas roupagens ou disfarces, através dos tempos.

Houve várias revoluções dentro da Revolução, mas a melhor síntese disso talvez tenha sido a do próprio revolucionário Marat. Ao denunciar a traição ao povo pelos "conspiradores educados e sutis da classe superior", que a princípio se opuseram aos déspotas e depois se voltaram contra "os de baixo", ele escreveu: "O que as classes superiores ocultam constantemente é o fato de que a Revolução acabou beneficiando somente os donos de terra, os advogados e os aproveitadores".

Cronologia

1787-1788	Revolta dos notáveis. O clero e a nobreza recusam-se a abrir mão de privilégios tributários, não concordando em pagar impostos para tirar o Estado da falência.
1788-1789	Más colheitas e aprofundamento da crise econômica.
1788	Anuncia-se, em 8 de agosto, a convocação dos Estados Gerais para o 1º de maio de 1789, algo que não acontecia desde 1614.
1789	De julho a outubro, a revolução popular toma conta das ruas e dos campos. É o chamado "Grande Medo". Proclamação da Assembleia Nacional Constituinte (9 de julho), que passa a elaborar uma nova Constituição para a França. Tomada da Bastilha (14 de julho), símbolo da opressão da monarquia francesa. Na noite de 14 de agosto, a Constituinte abole os privilégios feudais que pesavam sobre os camponeses, como a obrigação de pagar dízimos e a corveia (determinado número de dias que uma pessoa deveria trabalhar de graça para o rei). Proclamada a Declaração dos Direitos do Homem e do Cidadão (26 de agosto), cujos princípios fundamentais viriam a caracterizar os Estados modernos. Retorno de Luís XVI de Versalhes para Paris, sob pressão popular (5 de outubro). Fracassa a Inconfidência Mineira, movimento com o objetivo de proclamar a independência do Brasil.
1791	A Constituição liberal adota o regime de monarquia constitucional, pondo fim à monarquia absolutista.
1791-1792	Fracasso da monarquia constitucional. Tentativa de fuga e prisão de Luís XVI.
1792	Guerra contra a Áustria e a Prússia, países absolutistas que temiam uma revolução semelhante em seus territórios. Tiradentes é enforcado no Brasil, encerrando o episódio da Inconfidência Mineira. Fundação da 1ª República Francesa (1792-1804).
1792-1795	Período revolucionário da Convenção. Vitória do sufrágio universal. O "despotismo da liberdade". Ascensão de Danton, Saint-Just, Robespierre e outros jacobinos.
1793	Luís XVI é guilhotinado (21 de janeiro). Promulgada a Constituição Republicana, que substitui a constituição de 1791. Jacobinos dominam a Convenção.
1793-1794	Terror. Aprofundamento da Revolução com Robespierre e jacobinos, de junho de 1793 a julho de 1794. Opositores da Revolução são assassinados sumariamente, juntamente com revolucionários acusados de conspirarem contra o governo.
1794	Robespierre, Saint-Just e companheiros são guilhotinados (28 de julho).
1795	Sancionada nova Constituição.
1795-1799	Período do Diretório. Reação burguesa girondina.
1796	"Conjuração dos Iguais", de Graco Babeuf, última tentativa socializante da República.
1798	Vitória eleitoral dos jacobinos, não tolerada pelos girondinos (burguesia). No Brasil, a "Revolução dos Alfaiates" em Salvador inspira-se nas ideias revolucionárias francesas.
1799	A Assembleia é dissolvida e o Diretório é substituído por três cônsules provisórios: Napoleão, Sieyès e Ducos. É o golpe de Estado do 18 Brumário, dando início ao Consulado de Bonaparte, que liquidaria a República em 1804.